Gemeinschaft – 1./2. Klasse

Wir sind eine Gemeinschaft!

1. Ich / du / wir sorgen für ein gutes Miteinander!

Zu meiner Klasse gehören:

Wie viele Kinder?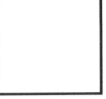

Meine Lehrerin / Mein Lehrer heißt:

_____

2. Ich fühle mich in der Klasse wohl, wenn …

_____

3. Was kann ich dazu tun?

_____

4. Ich fühle mich in der Klasse schlecht, wenn …

_____

© 2013, 2023 by Ernst Reinhardt, GmbH & Co KG, Verlag, München

Klassengemeinschaft

Du lebst in einer Klassengemeinschaft
— Spiel — Bauernhof

Welches Tier warst du?

Ich war: _____

Konntest du Freunde finden?
_____

Hast du einen Schutzraum gebraucht?
_____

Wer hat dir geholfen?
_____

Das hat mir beim Bauernhofspiel **besonders gut** gefallen:
_____

Das hat mir beim Bauernhofspiel **nicht so gut** gefallen:
_____

Das kann ich tun:
_____

Kommunikation – 1./2. Klasse

Mein OMA-Plakat!

1. Auf dem beiliegenden Blatt findest du Ohr, Mund und Auge. Schneide sie aus und klebe sie hier an der richtigen Stelle ein!

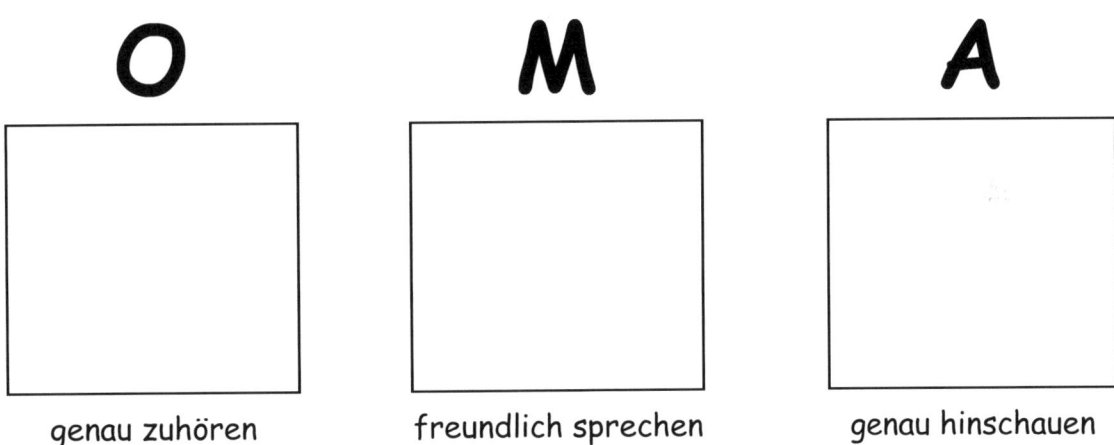

O — genau zuhören
M — freundlich sprechen
A — genau hinschauen

2. Wähle Ohr, Mund oder Auge aus und versuche einen Tag lang besonders darauf zu achten, was du Freundliches bemerkst.

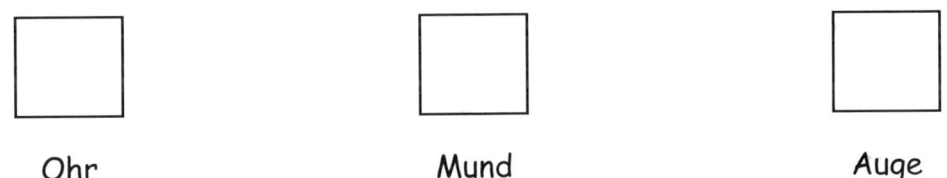

Ohr   Mund   Auge

Was du dir ausgewählt hast, darfst du hier mit einem Farbstift in deiner Lieblingsfarbe ausmalen.

Schau genau!

Was siehst du?

Ich sehe: Ich sehe:

_____   _____

Ich sehe noch: Ich sehe noch:

_____   _____

Wer hat recht?

Frage nach, wenn du etwas nicht verstehst.

Es gibt mehrere Lösungen!

© 2013, 2023 by Ernst Reinhardt, GmbH & Co KG, Verlag, München

Gefühle

1. Fröhlich, traurig, wütend, albern!
Ordne diese 4 Gefühle den jeweils passenden Bildern zu.

_____   _____

_____   _____

2. Versuche, den Gesichtsausdruck auf den Bildern möglichst genau nachzumachen, und erzähle, wie es sich anfühlt!

Schritte auf der Friedenstreppe

Die Friedenstreppe soll dir dabei helfen, einen Streit zu lösen. Bei der Friedenstreppe gibt es verschiedene Schritte, die du in einer bestimmten Reihenfolge machen sollst. Diese heißen so:

1. **Stufe: Streit erzählen und Gefühle nennen**
   Du erzählst aus deiner Sicht, was beim Streit passiert ist. Das andere Kind auf der Treppe hört dir erst nur zu. Wenn du fertig bist, erzählt das andere Kind dann aus seiner Sicht, was beim Streit passiert ist und du hörst gut zu. **Wie hast du dich beim Streit gefühlt?**

2. **Stufe: Wiederholen**
   Nun wiederholst du, was das andere Kind gerade erzählt hat. Dann wiederholt das Kind, das dir zugehört hat, was du auf der 1. Stufe erzählt hast. **Gefühle nennen nicht vergessen.**

3. **Stufe: Lösungen sammeln**
   Du und dein Mitstreiter sammelt gemeinsam Ideen und Vorschläge zur Lösung des Streits. Es gibt meist mehrere Möglichkeiten. Wenn ihr euch einig seid, geht es auf die oberste Stufe.

4. **Stufe: Sich vertragen – beide gewinnen**
   Ihr sagt die Lösung / Regelung noch mal klar und gebt euch dann ein Zeichen (z. B. Händeschütteln, Handschlag, Zunicken, Umarmung). Wie fühlt ihr euch?

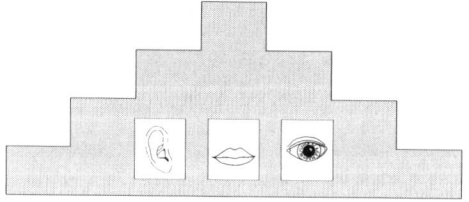

1) Schneide die Schritte der Friedenstreppe aus und klebe Sie auf der nächsten Seite ein (du findest die Schritte auf dem beiliegenden Blatt).
2) Probiere mit jemandem zu Hause oder in der Klasse die Friedenstreppe aus!

Konfliktlösungen – alle Klassen

Komm! Wir finden eine Lösung! 9

Die Friedenstreppe

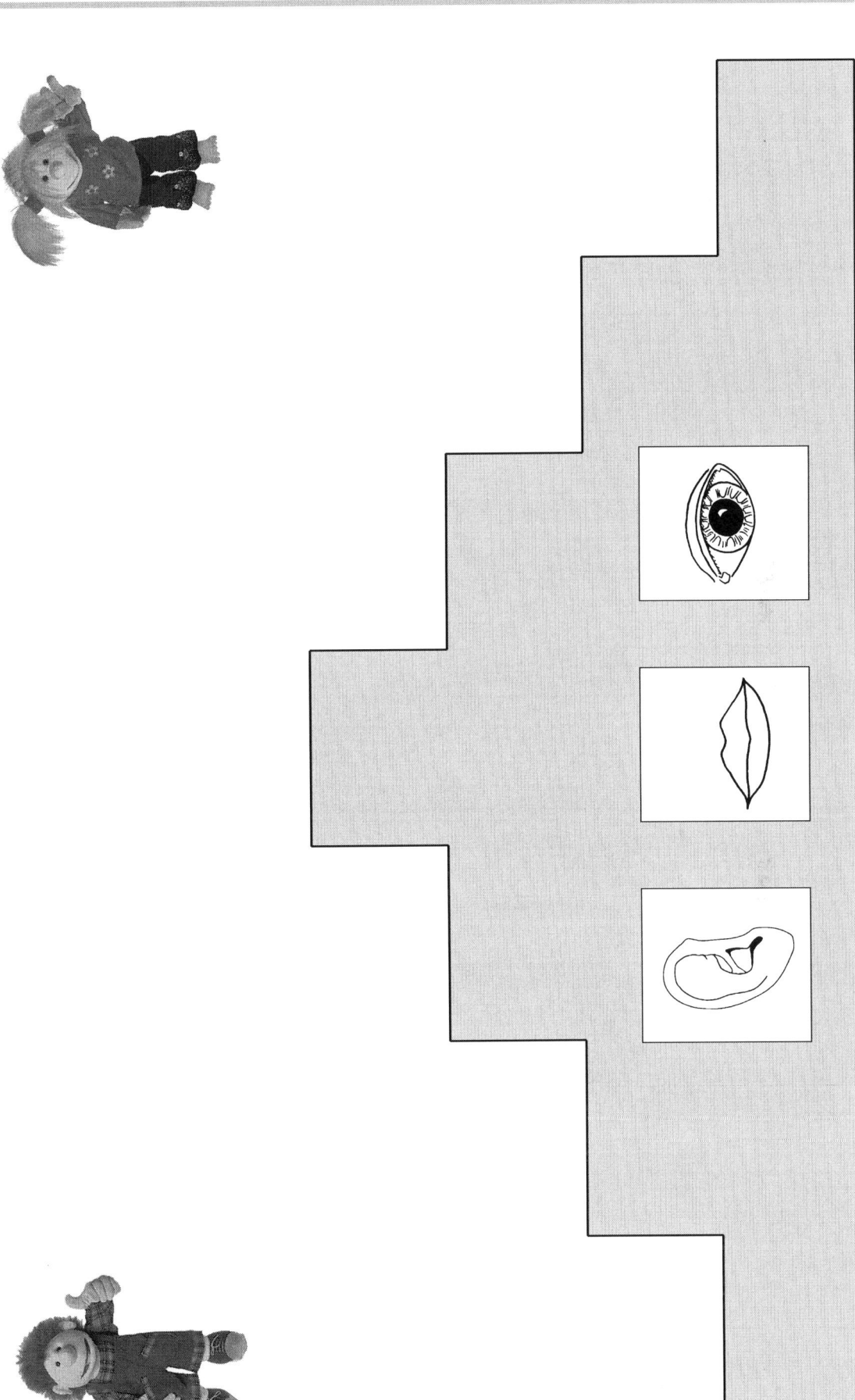

Der Kuckuck und der Esel
... auf der Friedenstreppe

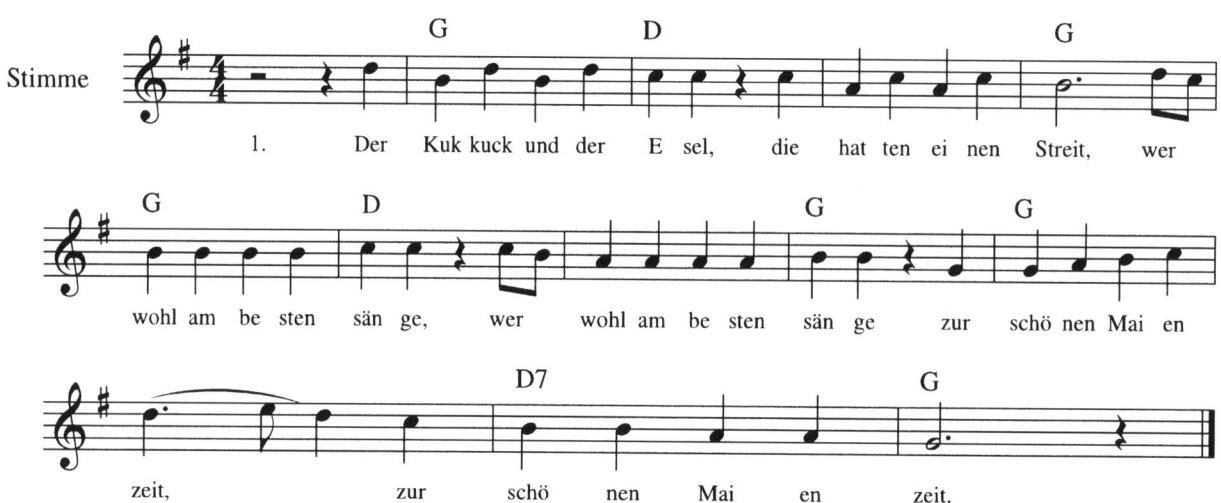

1. Der Kuckuck und der Esel, die hatten einen Streit, wer wohl am besten sänge, wer wohl am besten sänge zur schönen Maienzeit, zur schönen Maienzeit.

2 „Du krächzt wie eine Kröte!"
„Und du grunzt wie ein Schwein!"
„Will nicht mehr mit dir spielen!!
Will nicht mehr mit dir spielen!"
„Und du bist ganz gemein!!
Und du bist ganz gemein!"

3 Der Streit wird laut und heftig,
sie zanken sich gar sehr.
Ganz wütend sind sie beide,
ganz wütend sind sie beide,
vertragen sich nicht mehr,
vertragen sich nicht mehr.

4 Da kommt die weise Eule
und spricht: „Nun gebt mal Acht!
Hier ist die Friedenstreppe,
Hier ist die Friedenstreppe,
damit ihr's besser macht,
damit ihr's besser macht!"

5 Beachte Ohr – Mund – Auge!
Erzähle deine Sicht!
Wiederholen und gut zuhör'n,
wiederholen und gut zuhör'n,
Gefühle zeige ich!
Gefühle zeige ich!

6 Dann suchen wir die Lösung
und sammeln die Ideen.
Gewinnen sollen beide,
gewinnen sollen beide,
und sich wieder versteh'n.
und sich wieder versteh'n.

7 Die Treppe rauf und runter,
das klappt ja schon sehr gut!
Das geht auch ohne Lehrer!
Das geht auch ohne Lehrer!
Das schaffen wir – nur Mut!
Das schaffen wir – nur Mut!

8 Jetzt wollen wir viel üben!
Auch Fehler dürfen sein.
Wir helfen uns und lernen,
wir helfen uns und lernen,
Gemeinschaft gibt uns Kraft!
Gemeinschaft gibt uns Kraft!

Text der 1. Strophe: Heinrich Hoffmann von Fallersleben, Text der 2.–8. Strophe: Katharina & Martin Scholz; Melodie: Carl Friedrich Zelter

Gemeinschaft – 3.–6. Klasse

Klassenschiff

 Du lebst in einer Klassengemeinschaft. Jeder ist ein Teil davon und verantwortlich für ein gutes Miteinander.

1) Schreibe neben das Klassenschiff, was in einer Klassengemeinschaft wichtig ist!

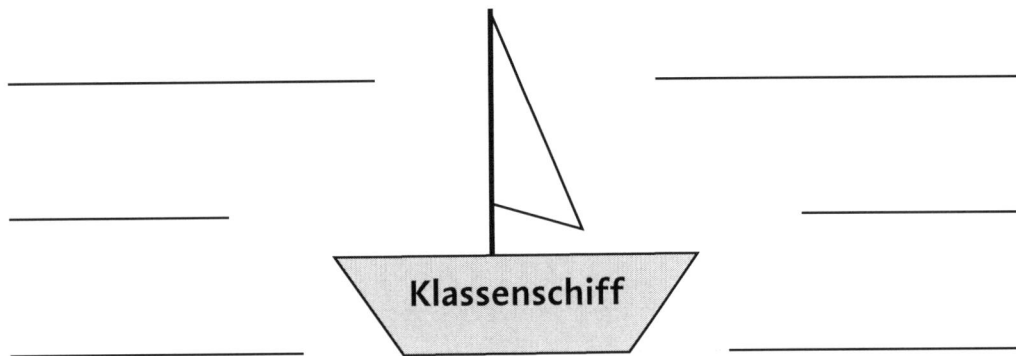

2) Welche Aufgabe hattest du auf dem Klassenschiff?

   Ich war ───────────

3) Das hat mir beim Schiffspiel besonders gut gefallen:

   ───────────
   ───────────

Klassenklima

☺ So möchte ich gerne behandelt werden:

_____
_____
_____

😐 Das finde ich blöd:

_____
_____
_____

☹ Das sollte sofort aufhören:

_____
_____
_____

☺ Was kann ich tun, damit es mir und den anderen in der Klasse gut geht?

_____
_____
_____

Kommunikation

 Wie ein Detektiv brauchst du alle Sinne, damit du mitbekommst, was los ist und wie es dir selbst und anderen geht.

**Schau genau! Höre gut zu!
Frage nach! Sprich von dir!**

1) Dein O-M-A-Plakat: Ergänze!

 O  M   A

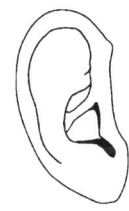   

_____   _____   _____

_____   _____   _____

_____   _____   _____

2) Wähle Ohr, Mund oder Auge aus und übe in dieser Woche, was du dir ausgewählt hast!

Was gelingt dir schon gut? _____

Was kannst du noch üben? _____

3) Mache die Übung „Gut Zuhören" aus dem Training mit jemandem aus deiner Familie. Du erzählst ungefähr eine Minute lang, was du heute Wichtiges erlebt hast, der andere hört genau zu (ohne nachzufragen).
Dann erzählt der andere, was er verstanden hat.

Hat derjenige gut zugehört? _____

Woran hast du das gemerkt? _____
_____

4) Schau genau! Was siehst du?

Ich sehe: Ich sehe:
_____   _____

Ich sehe noch: Ich sehe noch:
_____   _____

Wer hat recht?

In einer Situation gibt es immer mehrere Sichtweisen!
Nachfragen hilft bei Missverständnissen!

Besuch vom Mars

Ein Außerirdischer (ein Fremder) kam zu Besuch in deine Klasse und du hast ihm geholfen, ein Käsebrot herzurichten und zu essen. Wie schnell ist es geschehen, dass er dich nicht richtig verstanden hat und Missverständnisse passierten.

Wie ist es, ganz fremd in einer Klasse zu sein?

_____
_____
_____

Wie fühlst du dich, wenn du nicht verstanden wirst?

_____
_____
_____

Was kannst du tun, wenn du missverstanden wirst?

_____
_____
_____

Was kannst du tun, um Missverständnisse zu vermeiden?

_____
_____
_____

Gefühle

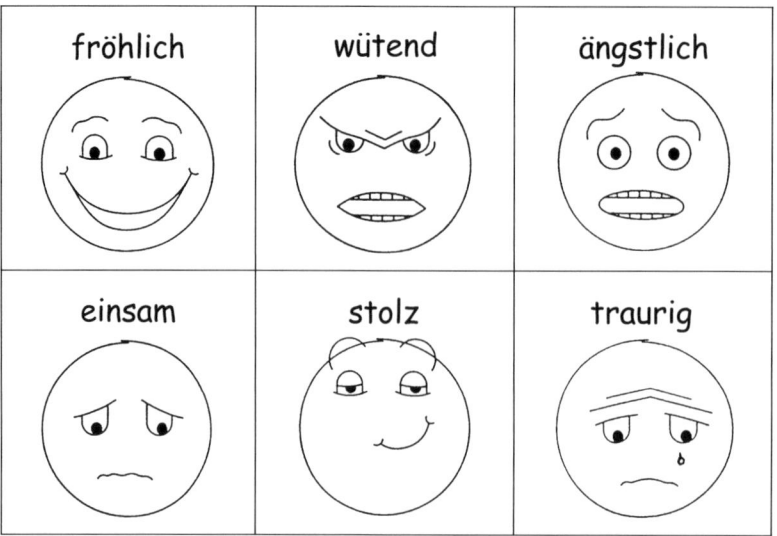

Suche dir zwei Gefühle aus und male sie!

Stimmungsbarometer: Wie fühlst du dich?

Gefühle – 3.–6. Klasse

 Gefühle zeigen ist wichtig. Spür mal, wie es dir geht und erzähle es jemandem. Achte auch auf die Gefühle von anderen. Beobachte und frage nach: „Wie geht es dir?"

1) Wie geht es dir heute? Schau dir dazu die Gefühlskarten auf der vorherigen Seite an!

   Heute fühle ich mich _____

   Woran erkennen die anderen das? _____

2) Welche Gefühle verstecken sich …?

   … wenn jemand mich anlächelt?
   _____

   … wenn jemand mit mir teilt?
   _____

   … wenn mich keiner mitspielen lässt
   _____

   … wenn mich jemand schlägt?
   _____

   … wenn ich einen Fehler mache?
   _____

Mädchen und Jungen

Mädchen und Jungen sind verschieden.
Beide haben Stärken und Schwächen und beide haben Gefühle, aber oft zeigen sie diese ganz unterschiedlich.

Wir respektieren einander und nehmen den anderen wahr – so können wir uns gut verstehen.

Mädchen können gut:
_____
_____

Jungen können gut:
_____
_____

Das sollten manche Mädchen noch lernen:
_____

Das sollten manche Jungen noch lernen:
_____

Was sollten **Mädchen und Jungen** können, damit sie in der Klassengemeinschaft gut miteinander auskommen?
_____
_____

Sprecht in der Klasse über eure Antworten!

Du und deine Wut

 Manchmal bist du richtig wütend. Dann würdest du am liebsten _____

Alle deine Gefühle sind erlaubt, aber nicht alle Verhaltensweisen. Du darfst niemandem schaden, andere Kinder nicht schlagen.

Deine Wut ist wie ein wildes Raubtier. Es ist wichtig, dass du es zähmst, damit es dir gehorcht. Dazu brauchst du gute Ideen und Geduld. Und manchmal jemanden, der dir dabei hilft. Starke Gefühle brauchen starkes Verhalten – von dir und von anderen.

Was tun bei Wut? Du hast immer viele Möglichkeiten:

- dich körperlich bewegen: rennen, tanzen, springen
- tief durchatmen
- dich zurückziehen
- jemanden um Hilfe bitten
- mit jemandem sprechen
- deine Wut malen
- oder: _____

Wenn ich meine Wut los bin, dann fühle ich mich:

_____

Je besser du deine Wut kennst, desto besser kannst du sie zähmen.

Was tun bei Streit?

Du hast immer viele Möglichkeiten:

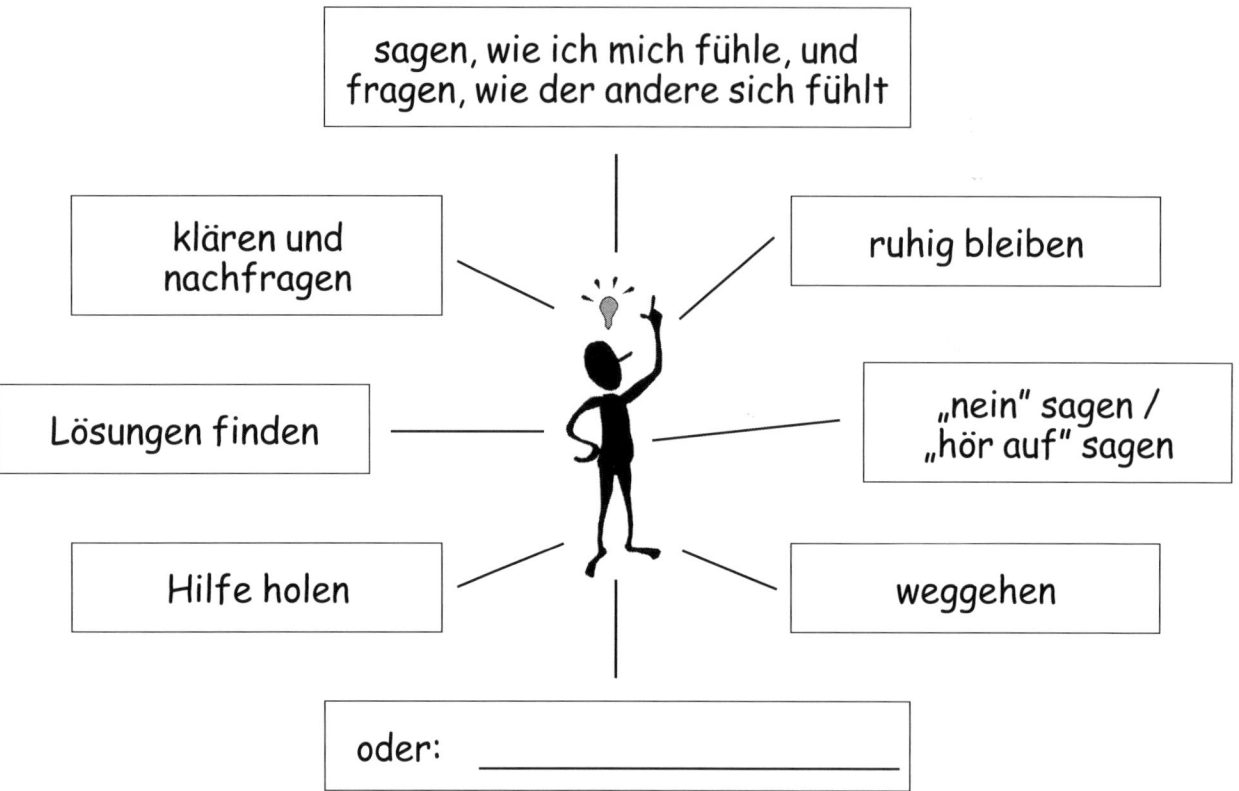

- sagen, wie ich mich fühle, und fragen, wie der andere sich fühlt
- klären und nachfragen
- Lösungen finden
- Hilfe holen
- ruhig bleiben
- „nein" sagen / „hör auf" sagen
- weggehen

oder: _____

Welche Möglichkeit hast du bei deinem letzten Streit als Lösung gewählt?

_____
_____

Konfliktlösungen – 5.–6. Klasse

Was ist Gewalt?

1) Was bedeutet für dich Gewalt?

	JA, stimmt	stimmt ein wenig	NEIN, stimmt nicht
schlagen	☐	☐	☐
schupsen	☐	☐	☐
drängeln	☐	☐	☐
auslachen	☐	☐	☐
hänseln	☐	☐	☐
etwas klauen	☐	☐	☐
beschimpfen	☐	☐	☐
streiten	☐	☐	☐
abschreiben	☐	☐	☐
verpetzen	☐	☐	☐
jemandem die Zunge herausstrecken	☐	☐	☐
jemanden nicht mitspielen lassen	☐	☐	☐
jemanden bedrohen	☐	☐	☐

2) Was steht unter Gewalt im Wörterbuch?

_____

_____

3) Was kann ich gegen Gewalt tun?

_____

_____

_____

© 2013, 2023 by Ernst Reinhardt, GmbH & Co KG, Verlag, München

Was ist Mobbing?

1) Was weißt du über Mobbing?

_____

_____

Mobbing ist eine Form von Gewalt. Ein Kind wird gemobbt, wenn es über einen langen Zeitraum (Wochen, Monate) bedroht, gehänselt, gedemütigt, geschlagen, beschimpft oder beleidigt wird. Das Kind wird also gezielt schikaniert und ausgegrenzt.

Cyber-Mobbing ist eine neue Form von Mobbing mit Hilfe von elektronischen Kommunikationsmitteln. Über das Handy (z.B. per SMS), über Internet (z.B. über Lokalisten, Facebook) oder über E-Mails wird jemand absichtlich beleidigt, bedroht, belästigt oder bloßgestellt.

Mobbing ist ein Gruppenphänomen. Es funktioniert nur, wenn eine ganze Gruppe mitmacht oder nichts unternimmt, wenn einzelne Kinder schikaniert werden. Es gibt klare Rollen, einen Betreiber (Täter), mehrere Helfer, ein betroffenes Kind und eine große Zahl an Kindern, die zuschauen. Sie wissen oft nicht, was sie tun können oder was sie unternehmen sollen.

Belastend ist Mobbing für alle Kinder – die Beteiligten und auch für die Kinder, die nur beobachten.

Was kannst du tun?

_____

Wen kannst du um Hilfe bitten?

_____

Wer kann noch helfen?

_____

Abbildungen der beiden Handpuppen Jule und Willi
mit freundlicher Genehmigung der Firma L. Bodrik KG, www.kumquats.de

Bibliografische Information der Deutschen Bibliothek

Die Deutsche Bibliothek verzeichnet diese Publikation in der
Deutschen Nationalbibliografie; detaillierte bibliografische Daten
sind im Internet über <http://dnb.ddb.de> abrufbar.
   ISBN 978-3-497-03242-6
   4. Auflage

© 2013, 2023 by Ernst Reinhardt, GmbH & Co KG, Verlag, München

Dieses Werk, einschließlich aller seiner Teile, ist urheberrechtlich geschützt.
Jede Verwertung außerhalb der engen Grenzen des Urheberrechtsgesetzes ist ohne
schriftliche Zustimmung der Ernst Reinhardt GmbH & Co KG, München, unzulässig
und strafbar. Das gilt insbesondere für Vervielfältigungen, Übersetzungen in andere
Sprachen, Mikroverfilmungen und für die Einspeicherung und Verarbeitung in
elektronischen Systemen. Der Verlag Ernst Reinhardt GmbH & Co KG behält sich eine
Nutzung seiner Inhalte für Text- und Data-Mining i.S.v. § 44b UrhG ausdrücklich vor.

Printed in EU
Cover unter Verwendung eines Fotos von © Damir Cudic – istockphoto.com
Sowie einer Zeichnung von Naddia Budde aus dem Buch „Ein Zwei Drei Tier".
Peter Hammer Verlag, Wuppertal, 1999
Ernst Reinhardt Verlag, Kemnatenstr. 46, D-80639 München
Net: www.reinhardt-verlag.de Mail: info@reinhardt-verlag.de

Der Wunschbaum

Der Wunschbaum meiner Klasse _____ hängt im Klassenzimmer und zeigt die Wünsche der Kinder nach Veränderungen in der Klassengemeinschaft. Hier kannst du deinen ganz persönlichen Wunsch aufschreiben.

Mein Wunsch nach Veränderung in der Klasse:
_____

Was kann ich dafür tun?
_____